우리 시대 현대시조 100인선 45

그대 보내려고 강가에 나온 날은

이우걸

태학사

우리 시대 현대시조 100인선 45
그대 보내려고 강가에 나온 날은

초판 발행 2000년 10월 17일 • 2판 2쇄 발행 2011년 10월 25일 • 지은이 이우걸 • 펴낸이 지현구 • 펴낸곳 태학사 • 주소 경기도 파주시 문발동 파주출판도시 498-8 • 전화 (031) 955-7580 (代) • 팩스 (031) 955-0910 • e-mail thaehak4@chol.com • http://www.thaehaksa.com • 등록 제406-2006-00008호

ISBN 978-89-5966-244-9   04810 • ISBN 978-89-7626-507-4   (세트)

ⓒ 이우걸, 2000
값 6,000 원

☞ 저자와 협의하에 인지를 생략합니다.
☞ 파본은 구입한 곳이나 본사에서 바꾸어 드립니다.

〈오늘의 시조시인 회의〉 회원과 함께.
왼쪽부터 김연동, 박기섭, 이정환, 필자, 유재영, 김복근 시인

제11회 정운시조문학상 시상식에서. 서울대 장경렬 교수 부부와 필자 부부

왼쪽부터 이달균 시인, 필자, 김양헌 평론가, 이상옥 시인과 함께

〈서정과 현실〉 성선경 주간과 함께

차례

제1부 달맞이꽃

가야산 13
대 14
기러기 15
맹인 16
이름 17
신문 18
잔·2 19
피 20
봄 21
늪 22
버들리·1 23
버들리·3 24
희망 25
나사·2 26
주민등록증·1 27
문 28
잎 29
시계 30
지리산·1 31

지리산·3	32
거울·3	33
구름의 말·1	34
판자촌 입구	35
돌	36
변기	37
모란	38
잔·1	39
달맞이꽃	40
편지·1	41
전화	42
해 질 무렵	43
흙	44

제2부 팽이

소금	47
방황	48
안개	49
비망록	50

무지개	51
넥타이	52
못	53
나사•1	54
청산(靑山)이발소 김씨(金氏)	55
거울•2	56
지리산•2	57
신발	58
해금시인 12인집을 읽으며	59
비•2	60
팽이	61
방•3	62
비누	63
반지	64
바다	66
입술•4	67

제3부 비

오늘	71

하수구	72
항구	73
하현달	74
아가(雅歌)	75
사랑 노래	76
눈	77
습작 노트	78
기러기 율(律)	79
역	80
그대 보내려고	81
편지	82
비	83
밤에 쓰는 시(詩)	84
방문	85
한로부근(寒露附近)	86
단풍물	87
엽서	88
발견	89
새벽 교회 종소리	90

제4부 빈 배에 앉아

눈·2	93
빈 배에 앉아	94
겨울 신경통	95
물	96
집	98
섬	99
가을 언덕	100
벽	101
위력 없는 서류 위에 도장을 찍으면서도	102
의자	103
종이배	104
불	105
봄비	106
저녁 이미지	107
겨울 청소부	108

해설 시조와 현대적 상상력•이승훈   109
이우걸 연보   121
참고문헌   125

제1부 달맞이꽃

가야산

겨울은 늘 푸른 잎만
가신처럼 거느렸구나
저 세속의 길이 날라온 얼룩을 바라보면
철없이 몸에 감았던 분홍(粉紅)이 부끄럽다.

계곡 아래서 나는 불을 쬐고 있다
외투처럼 그 온기가 어깨를 다독일 때면
섭생의 도를 안내할
한 스님이 닿으리라.

대

대를 꺾지 말라, 꺾일 대를 키우지 말라
권력의 환절기에 대는 이미 없다.
있다면 그것은 단지
썩은 정객의 묵죽일 뿐

나를 쌓는 일은 나를 비우는 일
창궐하는 욕망이 영육을 흔드는 날엔
고독한 밤을 다스릴
또 한 칸의 방을 올린다.

기러기

죽은 아이의 옷을 태우는 저녁
머리칼 뜯으며 울던 어머니가 날아간다
비워서 비워서 시린
저 하늘 한복판으로

맹인

맹인은 사물을 손으로 읽는다
손은 그가 지닌 세계의 창이다
마음이 길을 잃으면
씁쓸한 오독(誤讀)도 있는 …

눈 뜬 우리는
또 얼마나 맹인인가
보고도 만지고도
읽지 못한 세상을
오늘은 뜬구름인양
하염없이 바라본다

이름

자주 먼지 털고, 소중히 닦아서
가슴에 달고 있다가 저승 올 때 가져오라고
어머닌 눈 감으시며 그렇게 당부하셨다.

가끔 이름을 보면 어머니를 생각한다
먼지 묻은 이름을 보면 어머니 생각이 난다
새벽에 혼자 일어나 내 이름을 써 보곤 한다

티끌처럼 가벼운 한 생을 상징하는
상처많은, 때묻은, 이름의 비애여

천지에
너는 걸려서
거울처럼
나를
비춘다.

신문

사람들의 말 속에는 언제나 갈퀴가 있다.
타고난 포유류의 야성을 감춰보지만
급박한 상황 앞에선 얼굴을 들고 만다.

그런 아침 식탁에 앉아
우리는 신문을 본다.
활자들이 건져올리는 불바다의
세상 속으로
화농의 상처입으며
꾸역꾸역 걸어간다.

잔·2

이 시대의 잔 속에는
사막이 누워 있다.
무슨 이름의 액체가
담겨 있어도 마찬가지다.
만나고 마신 뒤에는
갈증만 더 깊어지는

병든 대지의 타버린 환부 같은
폭발을 꿈꾸고 있는 어둠의 뇌관 같은
음모의 잔을 나눌 때
아 씹히는
모래의 말들

피

1
손톱으로 살을 파 보면 어둠이 숨어 있다.
눈 뜨지 못하는 그 어둠의 채찍으로
내 피는 온몸을 돌며
오늘을 노래한다.

노래한다. 그것이 잃어버린 의자라 해도
집나간 아내라 해도 타버린 방이라 해도
빈컵에 담긴 놀처럼
부질없는 꿈이라 해도

2
어둠을 따라 도는 내 피는 악마의 혼령,
슬픔을 걸러내는 내 피는 천사의 손길.
한줄기 실개천마저
품어 흐르는 강물이다.

봄

수피(樹皮)속엔 어둠을 쫓는
물소리가 요란하다
그것들이 상처에 닿으면
죽창 같은 잎을 내민다
어혈진 가슴을 푸는
이 화해의 영토 위에서

늪

햇볕, 들다 만 고요의 수렁이라도
늪에는 범할 수 없는 초록의 혼이 있다
우포는 수십 만평의
그 혼의 영토다

새가 와서 노래를 하고
풀씨가 꽃을 피우고
깨어져 혼자 떠돌던 종소리도 쉬다 가지만
생명의 여인숙 같은
이곳엔
거절이 없다

편한대로 닿아서
스스로의 생을 가꾸는
배려와 위안의 따뜻한 나라여
늪에는 범할 수 없는 초록의 혼이 있다.

버들리·1

서방죽고 남은 목숨 외아들 하나로 이었네

그 아들 타관 가고 홀로 빈방 지키면서

달 차면 밀물 들어와 파도가 아팠네.

버들버들 버들리 봄빛이 푸르렀네

새로 눈뜬 바닷물도 비단처럼 푸르렀네

청춘의 못 다 짠 피륙 눈물 더욱 푸르렀네.

혈혈단신 깜빡이는 한 점 먼 어등처럼

절며절며 이고 온 고실댁 하늘에는

그 아들 모습도 닮은 달 하나 살고 있었네.

버들리·3

사막 같은 생이 가슴을 짓누를 때면
버들리는 내 마음이 몰래 정한 망명지다
바다가 간호사처럼
그 절망을 보살피는 곳

버들리 벤치 뒤엔
담쟁이 넝쿨이 있다
손과 손을 이어서 버들리의 숲이 되는
버들리 마음을 그린
따뜻한 벽화가 있다.

희망

길이 가파른 곳엔
반드시 샘물이 있다
상처가 깊을수록 깊어지는 사랑이 있듯
어둠을 뚫고 빛나는 저 별빛의 일획으로.

나사·2
-삼풍백화점

나사가 나사일 땐 나사인 줄 몰랐다.
병든 자본의 가지 끝에 앉아서
마지막 조립을 위해 피 흘리던 손이여

무너진 계단 밑에서 잠이 든 너를 보며
으깨진 사체 속에서 일어서는 너를 보며
어둡고 아름다운 세상의

나사를 생각한다.

2
일기를 쓰기 위해 안약을 넣는 저녁
따스함도 희망도 애써 넣어 보지만
창 밖엔 수의도 없이
떠도는
7월이
깊다.

주민등록증•1

바라보면 그 속에는
한 생명의 부조가 있다
흐린 망막 부은 두 볼
탈색한 겨울 상의
황량한 시간이 남긴
저 엄지의 이지러진 선.

언제부터 이런 모습을 나라고 믿었을까?
돌아서면 바람 부는 이승의 모퉁이에서
우연히 마신 술값으로 잠시 너를 맡기고 오며.

문

1
문아, 문아, 문아 문아,
바른대로 말해라
언제나 열려 있고
누구든지 오면 되느냐
닫힌 채 빙그르르 도는
문아, 문아, 문아 문아,

2
회백색 건물 안쪽
얼비치는 푸른 커튼
들어서면 더 멀어 뵈는
탁자와 의자를 건너
오늘도 그 말 못하고
돌아오며 되뇌어 본다.

잎

전병같이 둥글고 따스한 봄을 기리며
물관부는 겨울에도 역사의 피를 옮겼다
마침내 어둠을 찌르는
저 일검(一劍)의 초록이여.

시계

돌아봐선 안 되는 로마의 검사처럼
너는 가고 있다 직진의 운명으로
가서는 되돌아 못 올
허무의 늪 속이라도.

고향땅을 떠나서 사막을 건너가는
갈증의 캐러밴 같은, 피묻은 화살 같은
급박한 삶의 둔덕을
달려가는 저 행렬.

내가 너를 쫓는 동안 너는 나를 쫓아야 한다
이 기막힌 비극 뒤에 신은 웃고 있을 테지만
날 새면 다시 일어나
새 아침을 가꿔야 하리.

지리산·1
—무덤

유성이 흐르듯 홀연히 그대는 갔네
이 나라 푸른 잎들이 그 상처를 덮어 주었네
어둠을 뜯어 먹으며
선승 같은
달도 나왔네.

지리산·3
—달

1
면경처럼 오늘밤 너는 내 얼굴을 비춘다,
내 얼굴을 비춘다 내 마음을 비춘다,
독약의 불꽃이 되어
너는 나를 제련한다.

2
산수유 열매로 내가 차츰 붉어질 때면
운명을 탄주하는 시간의 현금(玄琴)처럼
안개 낀 산정에 떠서
너는 나를 다그친다.

거울•3

무명의 시간들이 익사해 간 거울 속에는
분홍으로 가려 있는 추억의 창도 있지만
빗질을 하면 할수록
헝클리는 오늘이 있다.

그러나, 아침마다 잠이 든 넋을 위해
누군가 힘껏 쳐 줄 종소릴 기다리며
우리는 거울 앞에서
머리를 빗어야 한다.

비가 오고 서리가 오고 국화꽃이 길을 열고
우리 맞는 계절은
늘 이렇게 조화로운데
거울은
무슨 음모에
또 가슴을 죄는 걸까.

구름의 말·1

철들 만한 나이에도 안 보이는 흉터가 있다
그 흉터를 찾기 위해 그 흉터를 지우기 위해
조용히 거울 앞에 서면
나는 금세
멀어지는 섬.

하늘엔 폭죽 같은 노을이 번져 나고
그때마다 일어서는 내 욕망의 허구들에게
아직도 안녕이라고
말할 수 없다 나는,

판자촌 입구

가느다란 가지 끝에
앉아 있는 한 마리 새
칼바람 다시 와서
가지들을 흔들 때

저 새는
무엇을 향해
또 어디로 떠나야 할까?

돌

눈을 뜨면 이마 위엔
언제나 돌이 있다
그늘을 지우기 위해, 새로운 출발을 위해
꽃 없이
열매를 탐하던
어제를 벌주기 위해.

변기

변기를 아시나요, 짐승의 아가리 같은
엉덩이를 받쳐 드는 저 백색의 질 속에서
오늘의 욕망이 뜨고
그 욕망이 지는 것을.

타협하기 위하여, 진정하기 위하여,
배설하기 위하여, 변절하기 위하여
변기는 놓여져 있다
필생의 테마처럼.

삶을 채근 당하는 거리의 발자국들도
햇빛을 피해 다니는 익명의 얼굴들도
한 모금 안식을 얻어 재기의 칼을 가는 곳.

모란

피면 지리라
지면 잊으리라
눈 감고 길어 올리는 그대 만장 그리움의 강
져서도 잊혀지지 않는
내 영혼의
자줏빛 상처.

잔·1

기다리며 마실수록 잔은 말이 없다
생각하며 마실수록 잔은 말이 없다
헐벗은 마음일수록 잔은 더욱 말이 없다

닿으면 되살아나는
무형의 언어들을
이 적요의 공간 속에 한없이 풀어 놓는 일
그대와 내가 가꾸는
절제의 온유함이여.

달맞이꽃

작은 웃음 보이며, 맑게 맑게 반짝이며
노을 속에 서 있는 산 개울가의 너는
장님이 데리고 가던
어느 딸애의 살결 같은 꽃.

편지•1

흐린 불빛 아래 편지를 쓰고 있다
네게로 건너가는 변함 없는 이 온기
냇물에 잠겼다 뜨는 내 상념의 피라미 떼들……

인적 죄다 끊긴 성당 어느 뒷뜨락의
담쟁이 젖은 잎들이 수녀처럼 묵상에 잠긴
그 시간 어둠 속에서
하나 둘
별이 돋듯이,

전화

죽순처럼 몰래 자란 우리들의 외로움
가쁜 호흡으로 실어서 보내는 시간
귀대어 엿듣고 싶네
그리움의 파도 소리를……

칡넝쿨로 엉클어진 이 세상 언덕배기
누가 나와 애절하게 트럼펫을 불고 있듯이
어쩌면 내 것도 같은
저 금속성 삶의 파편.

해 질 무렵

노을이 커튼처럼 내 망막을 덮는 시간
추억의 아메바들은 쉬지 않고 출렁거린다
발신인 없는 연문(戀文)의 그 숨가쁜 첫 행처럼.

흙

이슬을 이고 있는 봉분들을 볼 때마다
기댈 데 없는 생애의 우수를 읽곤 하지만
역사는 흙의 증언과 내밀히 동행해 왔다.

내밀히 동행해 왔다 뼛속 깊이 동행해 왔다
저 적분의 통한도, 군왕들의 탐욕도
다 담아 가슴에 안고
지금은
말이 없지만.

제2부 팽이

소금

불면의 시대를 각으로 떠서 우는
부패한 시대를 모로 막아 우는
짜디짠 너의 이름을 소금이라 부르자.

마침내 굴욕뿐인 이승의 현관 앞에서
네가 걸어와야 했던 유혈의 가시밭길
이고 진 번뇌의 하늘 그 또한 얼마였으리.

이제는 지나간 역사의 창이라지만
어느 누가 염치없이 네 이름을 훔치려 하나
소금은 말하지 않아도 제 분량의 영혼이 있다.

방황

정처 없는 시간들이 외출을 서두는 저녁
이슬 같은 그리움 핀셋으로 건져 내어도
비워 둔 하늘 한편엔 구름 같은 우수 몇 점.

기쁨은 기쁨끼리 또 증오는 증오끼리
어깨 짜고 달려드는 저 객창의 파도 앞에서
철없는 혈기 죽이며
낮달처럼 흐르는 것.

바다는 흰 이빨로 파도를 물어뜯지만
나는 아직 갈 곳 몰라 항구에 묶여 있다
갈매기 젖은 울음만 부초처럼 자라는 칠월.

안개

안개를 안개라고 이름지어 부르면서도
아무도 안개를 본 사람은 없다고 한다
안개는 복면의 미립자?
컴퓨터 바이러스?

오늘도 TV에서는 안개를 논하지만
결론은 미망(迷妄)의 허상, 안개는 과연 무엇일까?
비의를 감춘 입술들?
자유를 구타하는 손?

결재를 받으려 할 때, 지하도를 빠져 나갈 때,
산역(山役)처럼 지겨운 하루를 마감할 때
갑자기 온몸에 퍼지는
이 우수가
안개일까?

비망록

분꽃이 피어서 봄도 이미 지고 있다
버스는 공룡처럼 아가리를 벌릴 때마다
공단의 근로자들만 토해 놓고 지나간다.

기다리던 사람은 아직도 오지 않아서
주소가 잘못 기재 된 연인들의 편지처럼
남의 집 우편함 곁에 비를 맞고 서 있다.

무지개

무지개가 피었다 선연한 칠색 레이스
작은 숲과 마을들이 번뇌에 잠겨 있는데
우리가 이고 서 있는
허망한
꿈의
높이.

넥타이

넥타이를 매고 나면 나는 뱀 같다
교활한 혓바닥과 빈틈없는 격식으로
상대를 넘어뜨리는 이 도시의 터널에서.

나의 너털웃음을 그는 알고 있을까
내 웃음이 꾸며 주는 청록빛 넥타이 속엔
지난밤 내가 숨겨 둔 간계(奸計)가 있다는 걸.

넥타이는 어둠 속에서 비로소 눈을 뜬다
예리한 핀 아래 눌려 있던 욕망들이
일제히 사슬을 벗고 제 얼굴을 드러낸다.

못

머뭇대고 망설이는 내 삶의 꼴이 미워서
못을 칠 땐 기를 쓰고 아내가 망치를 든다
들고선 못의 정수릴
수없이 두들겨 팬다.

나사•1

지나간 연대의 쓸쓸한 훈장 같은
너를 주워 들고 가만히 바라본다
내 얼굴 닮은 듯도 한
너를 바라본다.

물기 배어서
엷게 녹이 슬었고
서툰 시간이 남긴
상처도 깊은 지금
따뜻이 너를 보살필
또 다른
손은 없을까.

청산(靑山)이발소 김씨(金氏)

폭력의 정치들이 거리를 누빌 때도
그는 말이 없었다 창 밖의 풍경에 관해
시간이 그런 인내를 그에게 가르쳤다.

다만 의자 위에
잠이 든 손님을 보며
그는 생각했다 잊고 있던 그의 생(生)을
때로는 상처에 의해
가꾸어지는 영혼을.

거울 속으로 사라지는 푸른 날의 기억들
김씨의 손 끝은 이제 조금씩 떨리지만
그 어떤 가면 앞에서도
의연히 가위를 든다.

거울•2

샘물,
그 성찰의
차가운
마음의 샘물,
아침마다 가다듬는
이 정결한 빗질 앞에서
거울은
늘 새롭구나
내 영혼 모두 비추네.

불꽃 같은 욕망도 삭은 결로 내려앉고
솜털 같은 시간도 골을 파고 누워 있는
거울은 늘 무겁구나
내 남루
모두 비추네.

지리산·2

―구름

가을 나무 아래 한 노인이 앉아 있다
그가 보는 하늘은 회상의 푸른 거울
티없이 맑은 꿈들의
유영 같은 화두 몇 점.

신발

저 저자의 환락과 지폐의 유혹을 건너
살아서 돌아오는 너는 아름답구나
불면의 시대를 지키는
너는 너는 아름답구나.

해금시인 12인집을 읽으며

마음에 금을 그어 잠들어 있던 이름들
발해처럼 고구려처럼 그윽히 불러 보면
노래는 영토 없이도 나라로 대답합니다.

그분들이 두고 간 납덩이 같은 말들이
저 이념의 철망에 걸려 피 흘리고 있을 적에
우리는 부끄럽게도 제 노래만 불렀었지요.

비·2

구인 벽보판을 빗방울이 때리고 있다
광포한 빗방울들이 자모를 때리는 동안
무노동 무임금주의의
깃발이 지나간다.

팽이

쳐라, 가혹한 매여 무지개가 보일 때까지
나는 꼿꼿이 서서 너를 증언하리라
무수한 고통을 건너
피어나는 접시꽃 하나.

방·3

내가 그리움에 철없이 눈을 떴을 때
방이여, 너는 말없이 창문을 열어 주었다.
그 곳엔 초설을 맞는
나목들이 서 있었다.

내가 증오에 철없이 눈을 떴을 때
방이여, 너는 말없이 커텐을 드리웠다.
그 곳엔 사유를 위한
촛불이 켜져 있었다.

비누

이 비누를 마지막 쓰고 김씨는 오늘 죽었다.
헐벗은 노동의 하늘을 보살피던
영혼의 거울과 같은
조그마한 비누 하나.

도시는 원인 모를 후두염에 걸려 있고
김씨가 쫓기며 걷던 자산동 언덕길 위엔
쓰다 둔 그 비누만한
달이 하나 떠 있다.

반지

내 이제 그대 손에 반지를 끼워 보네
생각하면 길고도 짧은 저마다의 길을 건너서
언약한 마음 한곳에
반지를 끼워 보네.

야간 일 나가던 수출공단 후문에서
로션 한 통 사 바르며 오늘을 기다렸다는
그 손에 내 마음 입힌 반지를 끼워 보네.

우리 삶 푼수만한 황금 두 돈 반지
다이아처럼 번쩍이고 야단스럽지 않아서,
백금처럼 당돌하고 차가웁지 않아서
오히려 다가와 앉는
우리들의 금언(金言)이네

이월 청댓잎처럼 견디며 살아가리라
이월 눈[雪]빛처럼 담담히 살아가리라
그대와 내가 지니는

이 은은한 맹세 하나.

바다

알몸의 저녁바다가 유리창에 어린다.
충혈된 항구의 피로 같은 노을이
어부의 구릿빛 이마 위를 바퀴벌레처럼 기어다닌다.

입술•4

내가 옥죄어 둔 말씀의 고리들
내가 잠든 사이 머리칼처럼 풀려서
잠깨어 바라다보니
돛단배로 가고 있네.

제3부 비

오늘

그대의 블라우스가 바람에 나부끼고
실비를 맞으며 우산들이 분주하고
백화점 쇼윈도엔 닿지 않는 빗방울들.

얼굴을 가리고 누군가가 들어가고
산부인과 병원 가까이 서 있던 영구차 하나
이승의 터널을 지나
어디론가 가고 있고.

하수구

시월 하늘에 흰 구름 떠 가고
혈관마다 은은히 종소리 번져날 때도
생활의 바닥 깊숙이
검은 물은 흐른다.

가장 아름다운 사랑을 가꾸기 위해
한 잔의 커피를 놓고 우리가 마주할 때도
생활의 바닥 깊숙이
검은 물은 흐른다.

하수구는 어쩌면 우리들 꿈의 운하,
영원으로 가득할 내일을 가꾸기 위해
미지의 바다를 향해
목선을 띄우는 곳…….

항구

너를 키우는 건 불굴의 남근(男根)일까
수초(水草) 우거진 긴 밤의 덩굴 사이로
굶주린 사내들은 와서
홍등을 물어뜯는다.

항구는 바람에게도 그리운 고향일까
부두를 흔들어대던 걱정마저 잠든 밤에
달빛은 부서진 목선의
어깨를 어루만진다.

내가 건져올려야 할 무한량의 내일을 위해
뱃전에 기대서서 수평선을 바라볼 때
항구는 뜨거운 해를
가슴에 걸어 둔다.

하현달

낡은 일기장에 낙서처럼 남아있는
개잔디 풀 같은 것아 머리 푼 우수야
오늘밤 잠도 버리고
젖은 너를 본다.

아가(雅歌)

그를 생각케 하는 오월 그네 위에
등꽃은 하염없이 하늘로만 열려 있고
나는 그, 무지갤 보며 가슴을 다독인다.

신은 알고 있을까, 숨어서 부는 피리를
미풍 하나에도 신경의 올실 같은
머플러 분홍 빛깔이 바람에 젖는 것을.

봄비처럼 그대는 내 언저릴 돌다 갔지만
나는 그대를 향해 단조의 피리를 분다
끊어진 소식을 향해 노을빛 피리를 분다.

사랑 노래

그리움의 살결이 짐승처럼 만나서
피 흘리며 짜내는 직조물(織造物) 같은 파도여
밤마다 네 소리 때문에
달이 하나 뜨곤 한다.

눈

환각제 가루 같은
흰 눈이 내리고 있다.

버려진 지구의 육신을 문지르며
은밀히 감춰 두었던 어둠과도 입맞추며.

눈은 내리고 있다
일순의 현란한 위장
사람들은 말없이 창문을 닫고 있다
잠 깨면 다시 맞이할
덧없는 혁명 같은…….

습작 노트

무심한 마음에도 노을이 깔리는 시간
핀셋으로 건져둔 시든 낱말 몇 개
혹은 그, 허무를 향해
열려진 창의 꿈이여.

기러기 율(律)

떠나누나 떠나면서 그리움 버리누나
맑은 하늘 흘러가는 추억의 강물 한자락
뿌리째 뽑아 던지고 돌아돌아 가누나.

가도가도 끝없는 허무의 날개짓임을
기러기는 느끼며 돌아돌아 오누나
갈래길 끊어진 소식 돼 그리워 오누나.

역

아무도 내리지 않는 역이 하나 있었다.
상처뿐인 과거 몇 행, 그리움에 찌든 문맥
뜰 앞의 은행나무는
그런 은유로 졸고 있었다.

그대 보내려고

그대 보내려고 강가에 나온 날은
수초(水草)도 머리 풀고 마음을 흔드는가
이런 날 내 시선 속엔 바람마저 정처없다.

지는 꽃잎에도 남아 우는 수신(樹神)의 몸짓
조용히 무늬지는 강심(江心)의 정수리엔
혼자서 맞을 길 없는 슬픔이 찬란하다.

가을을 쓸고 섰는 원정의 그림자처럼
광란도 머물다 떠는 가혹한 적막 속을
그 뉘의 유념이런 듯
낮달 하나 떠 있다.

편지

스쳐만 가도 신열나는
내 마음은 검정 실밥
젖은 옷자락 기워 눈먼 수를 놓으면
등피에 쌓인 시간만
행(行) 밖에서
떨다 간다.

비

나는 그대 이름을 새라고 적지 않는다.
나는 그대 이름을 별이라고 적지 않는다.
깊숙이 닿는 여운을
마침표로 지워 버리며

새는 날아서 하늘에 닿을 수 있고
무성한 별들은 어둠 속에 빛날 테지만
실로폰 소리를 내는
가을날의 기인 편지.

밤에 쓰는 시(詩)

내 혼이 귀소하는 열두 점 여울목엔
생각도 만경창파로 표류하는 돛배 하나
잃어서 얻은 저 목숨 노를 휘어 건지고 싶다

잠긴 문 앞에서, 등 돌린 바람 속에서,
무심히도 바라뵈던 이승의 문패 아래서
수없이 나를 결별한 내 이마를 건지고 싶다

어두운 창을 열고 새로 맞는 한 세상은
사멸(死滅)의 눈길 안에도 초록의 운(韻) 돋는데
율따라 선이 못되는 내 언어의 지병이여.

방문

차단된 가슴 사이에 두 개의 잔이 놓이고
떨리지 않는 손이 친절처럼 가득해 올 때
만남을 포기한 나는 저 가면의 잔을 쳐든다.

설익은 눈빛까지도 웃음으로 부딪쳐 와서
얼마쯤 뜻을 만드는 이 음모의 응접실에서
무수히 고용당해 온 한 세대의 시간이여.

슬픔이 슬프지 않고 기쁨이 기쁠 수 없는
잃어버린 우리 향방의 차디찬 배경 속으로
지금은 누군가 와서
돌아가는 바람이 분다.

한로부근(寒露附近)

가을이다 모두는 일진(一陣)의 바람이다
지구의 한편에선 검붉은 낙엽이 지고
달빛은 벽에 기대어 차가운 손을 비빈다.
만나기 위하여 남기기 위하여
그 무엇도 아니었던 마지막 하늘 아래
뼈아픈 매를 맞으며
나목(裸木)들은 거리에 섰다.

단풍물

가을에는 다 말라버린 우리네 가슴들도
생활을 눈감고 부는 바람에 흔들리며
누구나 안보일 만치는 단풍물이 드는 갑더라.

소리로도 정이 드는 산개울 가에 내려
낮달 쉬엄쉬엄 말없이 흘러 보내는
우리 맘 젖은 물 속엔 단풍물이 드는 갑더라.

빗질한 하늘을 이고 새로 맑은 뜰에 서보면
감처럼 감빛이 되고 사과처럼 사과로 익는
우리 맘 능수버들엔 단풍물이 드는 갑더라.

엽서

수국이다 문득 돋아난 그 사람 목소리는
화엄사 언저리로 한 채 민가의 밤이 오듯
꽃잎을 열고 깊어도
파적(破寂)할 수 없는 하늘.

발견

1
오랫동안 잊고 지내던 거울을 꺼내어서
내 습관의 언어들을 비춰보고 있노라면
어쩐지 사투리들만 살아 있다는 느낌이 든다.
편애하던 낱말까지 자세히 들여다보면
떡갈나무 잎사귀처럼 바람에 일렁이다가
불길에 몸을 뺏기는 낙엽 같은 느낌이 든다.

2
서리 묻은 국화꽃 몇 송이를 사 와서
비어 있는 원고지에 정성껏 문지르며
한밤내 생각해 본다, 저 말들의 뿌리를.

새벽 교회 종소리

새로 여는 이승 하늘을 기도 같은 음성 하나
그 파신(破身)의 울음이 절며 찾아나선 세상에는
희디흰 거부의 손만 버섯처럼 눈을 뜬다.

문 열어라 문 열어라 문 열어라 문 열어라.
십리 밖 가슴 속까지 병이 되어 깊어와도
철망의 우리 담장엔 살을 에는 바람이 산다.

결국은 동구밖쯤서 물소리로 섞이고마는
우리네 가슴에 와선, 한번 물어보지도 못하는
때 없이 선량하기만 한 저 공복(空腹)의 종소리.

제4부 빈 배에 앉아

눈•2

내 주소로 배달되는 익명의 연문(戀文)처럼
눈은 내리네, 순간의 아름다움
내려서 눈은 쌓이네, 내 쓸쓸한 귓밥 근처에,

아득한 거리나마 가 닿아 보고 싶은
간곡한 음성들 은은히 숨어 있는
절절한 백지 한 장이
어둠을 덮는
이 밤.

빈 배에 앉아

1
빈 배에 앉아 바다를 바라보니
달빛은 노도처럼 어둠속을 출렁이는데
누군가 머언 곳에서
안타까운 손을 흔든다.

제 가진 전신으로 한 하늘을 건져내려고
제 가진 전신으로 한 바다를 건져내려고
등대는 떨리는 손을 허공에 걸어 놓았다.

2
외로운 사람들이 파도를 지키는 동안
바다는 많은 울음을 그 가슴에 묻었지만
시대는 표정도 없이
그들을
비켜
갔다.

겨울 신경통

한 마리, 두 마리, 세 마리, 네 마리,
결 고운 창호지 볕을 원고지에 옮겨 심다가
잊었던 문득 가을날 귀뚜라미 소릴 듣는다.

연실처럼 꿈을 쫓으며 가꿔 온 아내의 하늘
칠순을 산같이나 말 없으신 어머님 이마
그 속을 감싸 흐르는 그러나 텅 빈, 나의 목소리…….

드디어 붉은 채찍이 한 남자를 열고 들어와
건조한 철제신경의 복부를 흔드는 동안
철없는 뼈마디들도 귀뚜라미 소리로 운다.

물

1
동생처럼 먼저 잠이 든
아내를 바라보다가
별스런 욕심없이도
그녀를
건너게 되고
우리는
그때 일어나
한 그릇의
물을 찾는다.

놋그릇에 담겨 있거나
더운 가슴에 고여 있거나
더 깊숙한 어디에서도 우리가 만나야 하는
해갈의 고운 영토를
기다리며 사는 것일까.

2
둔탁한 벽시계가 하루를 밟고 가고
밟고 가며 남겨 둔 검붉은 그늘은 자라
어느 역 뜨락엔 지금,
가을비가 내리고 있다.

집

전장처럼 나부끼던 거리도 돌아가고
피곤한 탈을 벗으며 모든 것이 돌아가고
스산한 겨울 시력만
팽팽히 던져진 지금……

잠긴 칠흑 울장 안에서
무슨 음모 눈을 뜨는가,
무명의 묘지 위엔 말없이 달빛이 앉고
집들은 이밤에 나와
은하로 흘러가는데…….

섬

너는 위안이다 말없는 약속이다.
짓밟혀서 돌아오는 어두운 사내를 위해

누군가 몰래 두고 간
테라스의 불빛 하나.

가을 언덕

가을 언덕이 조용히 누워 있다.
풀잎의 중한 병과 벌레울음 거느리고
영혼을 가로지르는
강줄기도 바라보며.

무심히 던진 돌들 이마 위에 떠 있고
때묻은 피와 살결 한결 더 잘 보이는
가을날 우리 속죄의
한 나신이
누워 있다.

벽

스스로 귀를 닫고 돌아누워 보아도
강물처럼 흘러가는 새벽 적요의 함성
그 나라 아픈 절벽을
나는 안고 서 있습니다.

두드려도 두드려도 잠이 든 종이 되어
몸으로 홀로 몸으로 버텨 선 하루지만
이 세상 어느 날에는
비탄(飛彈)처럼 울겠습니다.

위력 없는 서류 위에 도장을 찍으면서도

위력 없는 서류 위에 도장을 찍으면서도
나는 가끔 생각해 본다
왜 도장을 찍는가를
찍히는 이 도장들은 정말 나의 뜻인가를.

한 건의 서류에도 도장들은 심각하지만
심각한 도장들 곁에 우리는 앉아 있지만
도장을 찍고 난 후면
언제나 쓸쓸해진다.

저물 녘 유리창 너머 바라뵈는 까치집들
또는 그 인연으로 깃을 저어 날아드는
우리네 가족과 같은
환상의 새를 보면서.

의자

이미 예비해 둔 신의 계시처럼
식탁 위에 놓여 있는 정결한 수건처럼
노동의 하루를 위해
마련해 둔 작은 의자.

먼 길이 지워지고 채송화는 잠이 들고
회색빛 저녁 숲들이 노을 속에 묻힐 때면
묵묵히 뜰에 나와서
주인을 기다리는.

종이배

심심한 날 남이와 손잡고 나와
빈 하늘 부자 기러기 같이 날아보듯이
우리는 냇가에 앉아 종이배를 띄워 본다.

따뜻한 날개를 가진 종이배는 꿈의 나라,
고운 살결 깎여버린 어두운 물 위에서도
우리는 정성을 다해 종이배를 띄워 본다.

아득히 먼 곳을 향해-
그리운 먼 곳을 향해-
내 눈빛이 부서져서 맴돌고 있을 때에도
남이는 물을 넘어 선 한 마리 학을 본다.

불

어머니의 손결 같은 것,
내 누이의 눈빛 같은 것,
봄 능선을 물들이는
자줏빛 울음 같은 것,
때로는 어느 전쟁이
쓰다버린 탄피 같은 것,

그러나 불이여, 네가 다시 일어나고
일어나고 일어나서 걸어가는 한 생애를
어둠은 온몸을 던져 묵묵히 비추고 있다.

봄비

그것은 신의 나라로
열려 있는 음악 같은 것

불타는 들을 건너서, 얼음의 산을 넘어서

돌아와
가슴에 닿는
깊은 올의 현악기.

텅 빈 벤취에서도, 시멘트 벽 속에서도

수없이 잊어야 했던
가난한 이름들을

이 밤에 모두 부르며
봄비는 길을 떠난다.

저녁 이미지

은회색 연기들이 마을을 싸고 있었다.
미처 깨닫지 못한 이승의 깊은 비애가
비워 둔 서편 하늘에 노을로 엉켜져 있고.

꽃들은 지고 있었다. 또 꽃들은 피고 있었다.
빈 들에 놀고 있던 하느님의 새들은
진흙과 잔가질 물고
집으로 가고 있었다.

가난한 식구를 위해 두 손을 모은 할머니
주기도문 몇 음절이 문틈으로 새어나가는
그 작은 불빛을 향해
아이들은 오고 있었다.

겨울 청소부

서울 특별시 남산 국립도서관
노시인의 싯구에 경배를 보내듯이
계단을 닦으며 웃는 아줌마께 인사를 한다.

따스한 봄볕이 이 마을에 닿을 때까지
신채호, 데카르트, 이병기 등의 건강을
또는 그 정신을 위해
그가 든 걸레 하나.

부지런한 나라의 교활한 식자(識者)들이
저 소중한 자료들을 남독하고 있을 때
당신은 그저 묵묵히
이 건물을 닦고 있었지.

> 해설

시조와 현대적 상상력

이 승 훈

시인, 한양대 교수

1

 이 글을 쓰는 것은 광주여대 문창과 교수요, 시조 시인이신 이지엽 선생의 부탁 때문이다. 사실 나는 시조에 대해 잘 알지도 못하고 제대로 공부한 것도 없고, 우리 시조가 어떻게 발전했고, 지금 어디까지 와 있는지도 모르는, 이상한 시나 쓰고, 이상한 시들을 사랑하는 이상한 국문과 교수이다. 내가 생각해도 그렇다. 국문과 교수면 최소한 우리 전통시, 그것도 지금까지 지속되는 시조 장르에 대해서는 관심을 두어야 한다. 그러나 팔자가 그런지 나는 우리시의 전통보다는 반전통, 이른바 미적 모더니티에 관심이 많고 실제로 그런 시를 사랑하고 그런 시를 옹호하고 실천하는 입장이다.

 아마 이 교수가 원고를 청탁한 것은 이런 나를 잘 알기 때문인 것 같다. 지난 해 '현대시 엔터테인먼트' 창립 공연에서 나는 정보화 시대에 우리시가 나갈 방향에 대해 짧게 말한 적이 있고, 그때 내가 주장한 것은 이 시대에 시조가 있고 현대시가 있듯이 미래에는 현대시가 있고 미래시가 있을 것이라는 점, 말하자면 인쇄 매체의 시가 있고 영상 매체의 시가 있을 것이라고, 그리고 저자는 문화의 주류에서 소외되긴 하지만 여전히 시를 쓸 것이라고 말하면서 시조를 예로 들었다. 시조는 이 시대 문화에서 소외되었지만 지금도 창작된다는 말씀이었다.

요컨대 현재 자유시가 주류이고 시조가 소외되는 것처럼 앞으로는 영상 매체 시가 주류이고 자유시가 소외될 거라는, 그러나 기가 죽을 필요는 없다는 그런 말씀이었다. 내 말이 끝나자 이 교수가 다가와 항의(?)를 한 것으로 기억된다. 시조를 그렇게 생각하면 안 된다는 말씀이었다. 그의 주장에 의하면 앞으로 우리시의 방향은 문자가 아니라 소리를 지향하며, 그렇다면 소리를 강조하는 시조야말로 우리시의 가능성이라는 것. 가능성일지 불가능성일지는 지금 속단하기 어렵지만 시조에 대한 이 교수의 애정이 저렇게 깊으니 우리 시조의 앞날은 밝겠다는 생각이 들었다.

아마 그래서 이 교수가 이런 글을 청탁한 것 같다. 얼결에 대답은 해 놓았지만 이 글을 어떻게 써야 할 것인가? 이왕이면 내가 아는 몇몇 분들 중의 한 분으로 해달라고 했더니, 이 교수는 현대성이 돋보이는 1급 시인라며 이우걸 시인을 천거하시고, 나는 이 교수의 말씀을 따르기로 했다. 나로서는 처음 대하는 분이지만 이우걸 시인은 과연 현대 시조다운 시조를 쓰신다는 생각이다. 현대 시조면 현대 시조지 현대 시조답다는 것은 무엇인가? 내가 생각해도 이건 말이 안 된다.

  그러나 내가 강조하려는 것은 이 말이 안 된다는 점이다. 내가 알기로는 우리 시단에 이른바 현대 시조가 확립된 것은 이병기 같은 대가 시인에 의해서이다. 현대 시조란 내용과 형식 면에서 현대성을 확보한 시조를 의미할 것이다. 문제는 이 놈의 현대성이다. 우리 근대시 혹은 현대시에서도 이 놈의 현대성이 언제나 문제이고, 현대성을 시조와 관련시킬 때는 더 많은 문제가 발생할 것이다. 정형시에서 자유시로 넘어온 것이 형식적인 측면에서 우리시의 현대성을 의미한다면 시조의 경우 현대성, 말하자면 현대 시조는 이조적 정형성에서 이른바 자유 시조라는 형식, 유연한 형식, 자유롭지만 시조의 틀을 벗어나지 않는 그런 형식으로 바뀐 것을 의미할 것이다. 이런 형식 문제에 대해서 나는 더 이상 할 말이 없다. 아는 게 없기 때문이다. 그러므로 나는 현대 시조의 현대성, 현대적 상상력을 이번 기회에 이우걸 시인의 시들을 중심으로 살피기로 한다.

2

 원래 상상력에 무슨 고대적 상상력이 있고 근대적 상상력이 있고 현대적 상상력이 있는 게 아니다. 상상력은 18세기 근대 미학의 중심 개념이고, 그런 점에서 현대적 상상력이라는 말을 하는 내가 우습다. 그러니까 이 말은 다소 보충되어야 한다. 내가 여기서 강조하는 것은 우리 시조, 그것도 이우걸의 시조가 보여주는 상상력의 현대성이다. 이우걸의 시조가 보여주는 특성은 그 대상이 전통 시조가 노래하던 대상이 아니라는 것, 이 대상을 현대적 감각, 현대적 상상에 의해 노래한다는 점이다. 전통 시조가 주로 대상으로 한 것은 이른바 자연이다. 물론 이우걸의 시조에도 자연이 노래된다. 그러나 그는 자연보다는 문명을 대상으로 하고, 자연을 대상으로 할 때도 전통적인 인습적인 상상력을 벗어난다. 먼저 자연을 노래하는 시로는

  작은 웃음 보이며, 맑게 맑게 반짝이며
  노을 속에 서 있는 산 개울가의 너는
  장님이 데리고 가던
  어느 딸애의 살결 같은 꽃.

같은 시가 있다. 「달맞이꽃」 전문이다. 이 시에서 그가 노래하는 것은 달맞이꽃이라는 자연이다. 그리고 이 자연은 그의 상상력 속에서 '장님이 데리고 가던/ 어느 딸애의

살결'로 노래된다. 아니 그의 상상력 속에서 달맞이꽃과 어느 딸애의 살결은 하나가 된다. 모든 상상력이 노리는 것은 이런 동일성, 하나 되기, 융합, 조화이다. 그러나 고운, 아름다운, 어떻게 보면 슬픈 달맞이꽃이 하필이면 장님의 딸과 결합되는가? 그건 시인 마음이다. 그리고 이런 특성이 그의 시적 특성과 통한다. 달맞이꽃은 장님 딸이 아니라 온전한, 건강한, 바람직한 아버지의 딸일 수도 있기 때문이다. 그런 점에서 그는 자연을 비극적으로 인식하고, 이런 비극적 인식은 자연을 대상으로 하는 많은 시에서 자연을 문명과 결합시키는 양상으로 발전한다.

 달맞이꽃을 장님이 데리고 가던 딸애의 살결로 노래하는 것은 자연과 인간을 결합한다는 점에서 아직은 문명과 결합시키는 것은 아니다. 인간이 언제나 문제이다. 인간은 자연도 아니고 그렇다고 인간이 만든, 생산한 문명도 아니기 때문이다. 그런 점에서 이 시는 자연을 자연과 결합시키는 것도 아니고 그렇다고 문명과 결합시키는 것도 아니다. 인간은 자연과 문명을 매개한다. 그러나 여기 나오는 인간은 장님이 데리고 가는 딸애이다. 이 딸애가 가는 곳은 어디인가? 아마 문명의 도시, 병든 도시, 겉으로는 합리적이지만 비합리가 지배하는 도시일 것이다. 그는 자연을 노래하되 대부분 그 자연은 도시, 문명, 현실을 반영하고, 현실과 결합하고, 현실의 아픔으로 물든다. 예컨대 바다를 대상으로 「바다」라는 시는 알몸의 저녁바다가 유리창에 어린다.
충혈된 항구의 피로 같은 노을이
어부의 구릿빛 이마 위를 바퀴벌레처럼 기어다닌다.

처럼 노래된다. 바다는 유리창이라는 인공물에 어리고, 노을은 충혈되고, 노을은 어부의 이마 위를 바퀴벌레처럼 기어다닌다. 바퀴벌레처럼? 노을이 바퀴벌레처럼 기어다닌다는 표현은 충격적이다. 이런 충격은 그가 많은 자연 파들처럼 자연 속에서 현실을 보는 게 아니라 현실 속에서 자연을 보기 때문에 발생한다. 이런 상상력은 충분히 현대적이다. 현대는 갈등을 먹고산다. 이런 갈등은 비와 벽보판(「비」), 봄과 공단 근로자(「비망록」), 안개와 컴퓨터 바이러스(「안개」), 눈과 환각제 가루(「눈」), 파도와 직조물(「사랑 노래」), 봄비와 시멘트 벽(「봄비」), 불과 탄피(「불」) 등에 나타나고, 자연을 대상으로 하는 시들이 호소력을 띠는 것은 이런 현실 인식 때문이다.

3

아마 이런 현실 인식 때문일 것이다. 그가 자연보다는 문명, 도시, 인공물, 도시적 사물들을 대상으로 하는 것은 그것도 아름다운 도시 풍경이나 사물들이 아니라 고된 노동, 혹은 산업사회와 관계되는, 산업 사회의 삶을 반영하는 사물들이다. 그는 기계를 보는 게 아니라 기계에서 떨

어져 나온 나사를 보고

> 나사가 나사일 땐 나사인 줄 몰랐다.
> 병든 자본의 가지 끝에 앉아서
> 마지막 조립을 위해 피 흘리던 손이여
>
> 무너진 계단 밑에서 잠이 든 너를 보며
> 으깨진 사체 속에서 일어서는 너를 보며
> 어둡고 아름다운 세상의
>
> 나사를 생각한다.

고 노래한다. 「나사•2」의 전반부이다. 나사가 나사일 때는 기계의 부분으로 제 기능을 할 때이다. 말하자면 사용 가치가 있을 때이다. 그러나 그는 나사가 나사일 때, 그러니까 사용 가치가 있을 때는 그게 나사인 줄 몰랐다고 말한다. 그가 나사의 정체성을 알게 되는 것은 이런 사용 가치, 기능성에서 떨어져 나올 때, 그러니까 '무너진 계단 밑에서 잠이 든 너'를 보고, '으깨진 사체 속에서 일어서는 너'를 볼 때이다. 그리고 거기서 그는 '어둡고 아름다운 세상의 나사'를 생각한다. 어둡고 아름다운 세상은 어두운 세상도 아니고 아름다운 세상도 아니다. 어두운 세상도 감상이고 아름다운 세상도 감상이다. 그런 점에서 그는 감상주의를 초월한다. 그는 하나의 나사를 통해 감상, 눈물, 한숨, 호들갑을 초월하는 삶의 실체를 본다. 이런 사물 인식은

> 이 비누를 마지막 쓰고 있는 김씨는 오늘 죽었다.
> 헐벗은 노동의 하늘을 보살피던
> 영혼의 거울과 같은
> 조그마한 비누 하나.

처럼 「비누」에서도 나타나고, 더 발전하여 「거울」로도 확장된다. 비누는 김씨의 헐벗은 노동이 남긴 유일한 흔적이고 이 흔적이 거울로 변형된다. 거울은 영혼을 반영하고, 따라서 그는 한 조각의 비누에서 헐벗은 노동과 죽음과 영혼을 노래한다. 자유시를 쓴다며 말만 많고 도무지 상상력이 형편없는 시인들이 판을 치는 우리 시단에 이런 시조시인이 있다는 것은 다행한 일이다. 최근에 더욱 그런 생각이 들지만 도대체 자유시라고 아무렇게나 시행만 바꾸고 전혀 함축을 모르는, 읽기도 어려운 긴 시들을 생각하면 우리 현대시인들은 이제부터라도 시조 공부를 다시 해야 할 것이다.

그건 그렇고 도시의 사물을 노래하는 그의 시는 대체로 사물을 자연과 결합시키기보다는 도시적 삶, 혹은 도시적 사물, 말하자면 버려지고 사용 가치가 없고, 그렇다고 교

환 가치도 없는 사물들과 결합된다. 이런 사정은 변기와 백색의 질, 욕망(「변기」), 거울과 헝클리는 오늘(「거울•3」), 시계와 직진의 운명(「시계」), 반지와 야간 일 나가던 수출 공단 후문(「반지」), 넥타이와 뱀(「넥타이」), 전화와 금속성 삶의 파편(「전화」), 하수구와 꿈(「하수구」), 도장과 자아 정체성 찾기(「위력 없는 서류 위에 도장을 찍으면서도」) 등으로 노래된다.

  이만큼 현대적이다. 아직도 나무나 노래하고 꽃이나 노래하고 길이나 노래하는 시인들이 많은 터에, 특히 90년대부터는 너도 나도 자연을 노래하는 이상, 퇴행적인 시쓰기가 유행하는 우리 시단에 이우걸 같은 시인이 있다는 것은 그의 시가 이 시대를 반영한다는 점에서, 그리고 모든 시는 결국 시대의 산물이라는 점에서, 그리고 조선 시대의 시조와 식민지 시대의 시조와 산업화 시대의 시조가 달라야 한다는 점에서 기쁜 일이다. 문학이 있는 게 아니라 차이가 있고, 이 차이가 문학이므로 우리는 이 차이를 사랑해야 한다.

4

  이제까지 나는 이우걸의 시에 나타나는 현대성을 주로 대상과 상상력이라는 측면에서 간단히 살핀 셈이다. 길게 살펴야 좋은 글이 되는 것도 아니고 짧다고 좋은 것도 아니다. 문제는 무슨 소리를 하느냐이다. 그럼 나는 무슨 소리를 하고 있는가? 나는 그의 시조가 왜 시조인지 모르지만 아무튼 시조라고 하니까 시조라고 부른다. 자연을 대상으로 하든 도시적 사물을 대상으로 하든 한결같이 그를 지배하는 것은 현실이고, 따라서 그의 상상력은 현실, 이 시대, 이 자본주의 시대에 토대를 둔다. 그만큼 아프고 아름답다.

그런가 하면 그는 자연도 아니고 문명도 아닌 세계, 사물을 대상으로 할 때도 있다. 인간은 자연도 아니고 문명도 아니고 그렇다고 자연이 아닌 것도 아니고 문명이 아닌 것도 아니다. 그런 점에서 이런 대상들은 인간화된 사물이라고 할 수 있다. 예컨대 거울, 팽이, 이발소, 집 같은 사물 혹은 공간이 그렇다. 그는 이런 사물에서 자연을 읽지만 이때 자연은 다른 자연이다. 예컨대 이런 사정은

> 쳐라, 가혹한 매여 무지개가 보일 때까지
> 나는 꼿꼿이 서서 너를 증언하리라
> 무수한 고통을 건너
> 피어나는 접시꽃 하나

같은 시에 나타난다. 「팽이」 전문이다. 현대 시인 가운데 김수영이 팽이를 노래한 바 있지만, 그리고 그의 팽이는 「달나라의 장난」 같은 삶, 그것도 6·25 전후의 고통스런 삶을 노래한 것이지만 이 팽이는 그런 고통이 아니라 그

런 고통을 건너(넘어가 아니라 건너!), 그러니까 초월, 수직적 넘기가 아니라 수평적 건너기를 통해 그가 기다리는 아름다운 세계를 노래한다. 수직적 초월은 초월주의, 정신주의, 신비주의와 통하지만 수평적 건너기는 그런 주의를 부정하고, 나는 이런 부정이 마음에 든다. 팽이의 극한에는 접시꽃 하나가 피어난다. 이런 접시꽃의 이미지는 이발소를 노래하는 「청산(靑山)이발소 김씨(金氏)」에서는

> 다만 의자 위에
> 잠이 든 손님을 보며
> 그는 생각했다 잊고 있던 그의 생(生)을
> 때로는 상처에 의해
> 가꾸어지는 영혼을

처럼 노래된다. 이발소 이름이 청산이라는 것은 우연이겠지만 재미있고, 그렇다면 우리는 이발소로 가는 게 아니라 청산을 찾아간다. 청산, 자연, 푸른 산상으로 가서, (청산에 살어리 살어리랐다) 그러나 이 시에서 청산은 상처가 가꾸는 영혼이다. 그렇다면 결국 그가 찾는 세계는 팽이의 극한에 존재하는 접시꽃이고 상처의 극한에 존재하는 청산이다. 이런 세계는 거울과 샘물(「거울•2」), 소금과 유혈의 가시밭길(「소금」), 집과 은하(「집」) 등으로 노래된다. 할 말은 많다. 중요한 것은 그의 시가 보여주는

상상력의 변증법, 혹은 변증법적 상상력이고, 이런 상상력이 보여주는 현대성이다. 그는 자연에서 현실을 읽고, 현실에서 고통을 읽고, 마침내 고통에서 그의 이상, 이상으로서의 자연을 읽는다.

이우걸 연보

1946년 : 경남 창녕군 부곡면 부곡리에서 한학자 부 이광화씨와 모 차진순씨 사이의 8남매 중 일곱 번째로 태어남.
1953년 : 부곡초등학교에 입학했으나 팔 부상으로 자퇴함.
1954년 : 재입학하여 1960년 부곡초등학교를 졸업함.
1960년 : 부곡중학교에 입학함. 1963년에 졸업함.
1963년 : 밀양 세종고등학교에 입학함. 1966년에 졸업함.
1967년 : 경북대학교 사범대학 사회교육과에 입학함(역사 전공). 이때 문우 서종택을 만남. 육군에 입대함(원주, 서울, 증평, 서산, 태안 등에서 병영 생활을 함).
1970년 : 육군 제대와 동시에 경북대학교에 복학함.
1971년 : 학보에 발표된 작품 「엽서」, 「코고무신」 등에 대한 김춘수 교수의 격려로 문학에 뜻을 굳힘.
1972년 : 손병현, 이동순, 이현우 등과 동인지 『선실』을 창간하여 2집까지 펴냄. 대구 '전원 다실'에서 시화전을 함. 김춘수, 권기호 교수의 격려가 큰 힘이 되었음. 이 해에 『월간문학』에 투고, 당선되었으나 심사위원 이영도 선생의 권유로 이듬해 『현대시학』에 「이슬」, 「지환」, 「편지」, 「설야」, 「도리원 주변」 등의 작품으로 3회 추천을 받음.
1973년 : 『현대시학』 등단 후 '낙강'에 가입하고, 동인지 『現代律』 창간 멤버로 활약함. 이때 문우 박시교, 유재영을 만남.
1974년 : 경북대학교를 졸업함.
1976년 : 이광자와 결혼함. 그 해 아들 남중(南中)이 태어남.
1977년 : 부 한학자 송파 이광화 선생 타계. 첫 시집『지금은 누군가 와서』를 학문사에서 펴냄.
1979년 : 딸 혜진(惠眞)이 태어남.
1981년 : 시집『빈 배에 앉아』를 흐름사에서 펴냄.
1982년 : 마산시조문학회를 결성함.
1983년 : 윤금초, 박시교, 유재영 등과 사화집『네 사람의 얼굴』을 문학과 지성사에서 펴내고, 이 시집에 실린 작품 「비」로 중앙일보사 제정 제2회 중앙시조대상 신인상을 유재영과 함께 수상함.
1984년 : 시조평론집『현대시조의 쟁점』을 나라에서 펴냄.
1985년 : 제8회 마산시 문화상(문학 부문)을 수상함.
1988년 : 시집『저녁 이미지』를 동학사에서 펴냄.
1989년 : 평론집『우수의 지평』을 동학사에서 펴냄. 마산시조문학회를 경남시조문학회로 개칭하고 회장이 됨. 제8회 성파시조문학상을 수상함. 제11회 정운시조문학상을 수상함.
1991년 : 『현대시조28인선』을 장석주와 같이 청하에서 펴냄.

1992년 : 모 차진순 여사 타계.
1994년 : 제33회 경상남도문화상(문학 부문)을 수상함.
1995년 : 1980-90년대 괄목할 만한 시인의 사화집 『다섯 빛깔의 언어 풍경』을 윤금초와 함께 동학사에서 펴냄. 중앙일보사 제정 제14회 중앙시조 대상을 수상함.
1996년 : 마산문인협회 회장이 됨. 시집 『사전을 뒤적이며』를 동학사에서 펴냄.
1997년 : 「시조시학」 제2대 주간이 됨
1998년 : 시조산문집 『나는 아직도 안녕이라 말할 수 없다』를 이행수 교수와 함께 영언문화사에서 펴냄.
2000년 : 제10회 이호우시조문학상, 경남문학상을 수상함. 시선집 『그대 보내려고 강가에 나온 날은』을 태학사에서 펴냄.
2001년 : 평론집 『젊은 시조문학 개성 읽기』를 도서출판 작가에서 펴냄.
2002년 : 제6회 경남시조문학상을 수상함.
2003년 : 반년간 문예지 『서정과 현실』 창간호를 도서출판 작가에서 펴내고 편집인이 됨. 시집 『맹인』을 고요아침에서 펴냄. 밀양공고 교장으로 승진함. 경남문인협회 회장으로 선출됨. 제40회 한국문학상을 수상함. 동아일보, 중앙일보, 매일신문 신춘문예 심사위원이 됨.
2004년 : 진해고등학교 교장으로 부임함. 시선집 『지상의 밤』을 시선사에서 펴냄. 문예지 『서정과 현실』 2, 3호를 펴냄. 동아일보, 중앙일보 신춘 문예 심사위원이 됨. 이호우시조문학상 심사위원이 됨.
2005년 : 『서정과 현실』 4, 5호 펴냄. 이호우시조문학상 심사위원, 경남신문, 국제신문, 중앙일보 신춘문예 심사위원이 됨.
2006년 : 오늘의 시조학회 회장이 됨. 경남문인협회 회장에 재선됨. 김해대청고등학교 교장으로 부임함. 『서정과 현실』 6, 7호 펴냄. 「이우걸의 시조미학」이 유성호 교수 편으로 간행, 시조문학계 최고 권위의 「중앙시조대상」 심사위원이 됨 국제신문 경남신문 신춘문예 심사를 함.
2007년 : 오늘의 시조학회 회지 「오늘의 시조」를 창간하고 젊은 시조시인상을 제정 시상함(수상자 문희숙, 서연정). 『서정과 현실』 8, 9호 펴냄. 「중앙시조대상」 및 신인상 심사위원. 부산일보, 경남신문 신춘문예 심사위원. 9월 1일 경상남도밀양교육청교육장으로 취임. 딸 혜진 결혼(사위 김태성)
2008년 : 제28회 가람시조문학상 수상. 오늘의 시조시인회의 의장으로 재선됨. 『서정과 현실』 10호 펴냄.

참고문헌

서종택, 「이우걸의 시세계」, 『지금은 누군가 와서』, 1977.
오규원, 「하나의 질문」, 『네 사람의 얼굴』, 1983.
유재영, 「의인화 또는 역설의 기능」, 『현대문학』, 1987. 9.
윤재근, 「이우걸의 시와 사물 그리고 형상과 고해」, 『저녁 이미지』, 1988.
김 종, 「색팽이의 의지로 기립한 언어」, 『겨레시조』, 1992. 가을.
조남현, 「장인정신과 생철학의 상승」, 『사전을 뒤적이며』, 1996. 8.
박철희, 「현대시조의 가능성」, 『현대문학』, 1996. 10.
김양헌, 「어둠을 뚫고 빛나는 절제의 힘」, 『현대시』, 1997. 2.
신경림, 「간결한 구도, 그 쌈박한'매력」, 『열린시조』, 1997. 여름.
이지엽, 「섬세한 서정성과 시대정신」, 『열린시조』, 1997. 여름.
장석주, 「말들의 뿌리」, 『열린시조』, 1997. 여름
장경렬, 「시조, 또는 '적요의 공간'에 언어로 놓은 '수'」, 『미로에서 길 찾기』, 1997. 10.
이재창, 「긴장과 절제, 지향성의 시학」, 『아름다운 고뇌』, 1999. 11.
구모룡, 「생활세계 속의 긴장된 자유」, 『시의 옹호』, 2003. 12.
엄경희, 「인고적 정신이 일궈낸 화해의 무늬」, 『저녁과 아침사이에 시가 있었다』, 2005. 4.

정미숙, 「탐미적 성찰의 흰 그늘」, 『시조시학』, 2006. 상반기.
유성호, 「완미한 정형속에 담아낸 시적 비의」, 『이우걸의 시조미학』, 2006. 5.
김홍섭, 「절망의 그늘에서 꿈꾸며 말걸기」, 『이우걸의 시조미학』, 2006. 5.
강호인, 「현대시조, 그 지평 위로 우뚝 '치솟는' 큰 산」, 『나래시조』, 2006. 겨울.
장성진, 「이우걸 시조의 생명력」, 『경남문학』, 2008, 봄.